KB268352

A Hundred People in Village

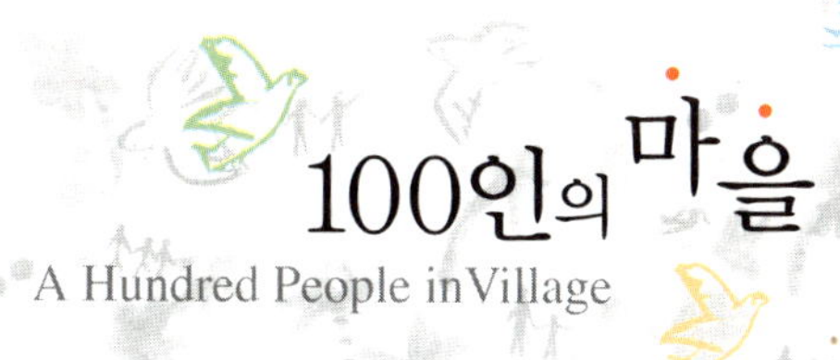

100인의 마을

A Hundred People in Village

후루카와 치카츠 지음 · 시바사키 루리코 그림
박 순 규 옮김

도서출판
청어람

100인의 마을

초판 1쇄 찍은 날 / 2003년 4월 20일
초판 1쇄 펴낸 날 / 2003년 4월 30일

지은이 / 후루카와 치카츠
옮긴이 / 박순규
펴낸이 / 서경석

편집장 / 문혜영
편집 / 김희정
마케팅 / 정필 · 강양원 · 이선구 · 김규진 · 홍현경

펴낸곳 / 도서출판 청어람
등록번호 / 제1081-1-89호
등록일자 / 1999. 5. 31
어람번호 / 제3-0004호

주소 / 경기도 부천시 원미구 심곡1동 350-1 남성B/D 3F (우) 420-011
전화 / 032-656-4452 팩스 / 032-656-4453
http://www.chungeoram.com
E-mail / eoram99@chollian.net

ISBN 89-5505-662-1 03830

세상 사람들이

이런 마음으로 살아간다면…

틀림없이 세상은 낙원으로 바뀔 거야.

반드시 그렇게 될 거란다.

잊고 살았던 낙원

　1년 전 일이다.

　겨울이 다가오던 어느 날, 함께 명상을 즐기는 친구에게서 반가운 편지 한 통을 받았다.

　봉투를 뜯고 곧바로 편지를 끝까지 다 읽은 나는 한동안 깊은 생각에 잠겼다.

　편지에는 ‘100명이 사는 마을’에 대한 이야기가 쓰여 있었기 때문이다.

　‘그래, 이런 글이라면 누구나 쉽게 이 세상의 이치를 깨달을 수 있겠는걸.’

　고마운 마음을 전하기 위해 나는 친구에게 전화를 했다.

　“너, 참 멋진 생각을 했구나!”

　친구는 자신도 외국에 사는 누군가가 보낸 메일에 감명을 받고 내게 보내준 거라며 내 칭찬에 오히려 계면쩍어했다.

　친구의 이 수줍은 한마디가 편지 속의 모든 이야기를 대변하고 있었다.

　아이들은 자신이 멋지다고 생각하는 무언가를 발견하면 이내 가족이나 친구들에게 그것을 자랑하고 싶어한다.

이렇게 천진하고 생기 넘치는 마음과 행동이야말로 세상에 평화를 가져오는 열쇠가 아닐까?

세상은 우리가 만들어가기 나름이다.

세상 모든 사람들이 어린아이들처럼 순수한 열정을 간직한다면 세상은 틀림없이 변할 것이다.

자, 우리 함께 순수하고 열정적인 눈으로 이 세상을 바라보자.

여러분의 눈앞에도 곧 우리가 이제껏 깨닫지 못했던 또 하나의 세상, 바로 '잊고 살았던 낙원'이 조금씩 그 모습을 드러낼 것이다.

저기요, 아빠.
이 세상이 '100명이 사는 마을'이라면
그중 60명이 살 집과 먹을 음식이 없어서
어렵게 산다는 얘기를 들었어요.

그게 **참말인가요?**

그래, 사실
이란다.
이 세상이
오직 '100명
이 사는 마을'
이라고 한다면 말
이지.

이 세상이 '100명이 사는 마을' 이라면

57명은 아시아 사람이고,

21명은 유럽 사람,

14명은 아메리카 대륙에 사는 사람일 테고,

나머지 8명은 아프리카 사람이란다.

그리고
52명이 여자라면
48명은 남자겠지.

70명이 유색 인종이라면
30명은 백인일 테고…

70명이 기독교인이 아니라면
30명은 기독교인이란다.

또 100명 중 단 6명만이
세상에 있는
모든 재산의 59%를 차지하는데
그 6명이 모두 미국 사람이란다.

나머지 사람들 중 80명은 작은 집을 가졌거나 남의 집에 얹혀사는 사람이고, 남은 14명은 '가나 다라' 조차 배우지 못할 만큼 가난한 사람들이지.

그리고 100명 중 절반은 영양실조로
고생을 한다더구나.

이 세상을

작게 만들어서 살펴본다면

'100명이 사는 마을'에는

이처럼 많은 친구들이 어렵게 살아가고 있단다.

그럼 그 부자들이
어렵게 사는 이들을 도와주면 될 텐데…
어째서 몇 안 되는 사람들만
그렇게 돈을 많이 가지고 있는 거죠?

글쎄, 왜일까…

그런데 이 '100명이 사는 마을'도 네가 태어나기 훨씬 전, 그러니까 아빠도, 할아버지도 태어나기 훨씬 이전에는 틀림없이 모두가 살기 좋은 낙원이었단다.

그 낙원에 대한 이야기는 신화가 되어 세상 여기저기에 전해지지.

**그 시대엔 필요한 일이 있을 때마다
모두들 서로 도우면서 살았단다.**

만약 네가 음식을 남겨놓고 먹지 않는다면 음식
이 상하겠지?

그래서 먹을 것이 남는 사람은 부족한 다른 사람
들에게 자신의 식량을 나눠 주었단다.

그렇게 되자 식량을 받은 사람들은 무척 기뻤겠
지?

그래서 이번에는 식량을 받은 이들이 자신에게
풍족한 다른 물건을 사람들에게 나눠 주었단다.

지금도 할아버지께서 사시는 시골에 가면
그곳에는 이웃들과 많은 것을
주고받고 서로 나누며 살아가는
정겨운 모습이 있잖니?

아마 예전 '100명이 사는 마을' 의 습관
이 아직도 남아 있기 때문일 거야.

'100명이 사는 마을' 에는 마을의 전통이나 관습
을 잘 알고 있는 할아버지, 할머니께서 계셨는데
모든 사람들이 존경하며 그분들의 말씀을 따랐지.

또한 마을 사람들이 모여
어울릴 수 있는 잔치나 구경거리가
종종 있었으며, 사람늘에게는
웃어른을 따르고 최선을 다해
공경하는 그런 마음이 넘쳐흘렀단다.

겨울 방학 때 시골 할아버지 댁에 갔다가 쥐불놀이 했던 일 기억 나니?

모두 모여 풍년을 기원하는 동제(洞祭)를 지내고 줄다리기를 하며 무척 즐거워했었지.
그때 정월 대보름 풍속에 대해 가장 잘 아시는 할아버지께서 이런저런 이야기를 많이 들려주셨잖니?

아주 오래
전, 100명
이 살았던
마을은 말
이야, 모
두가 마치
한 가족처
럼 지냈고
매일매일 잔
치를 벌이듯 아주
즐겁게 살았단다.

그러면 언제부터
가난한 사람들이 많아진 거예요?

글쎄… 어느 시대든 많이 가진 사람과 덜 가진
사람은 있기 마련이지.

하지만 예전에는
많이 가진 사람이
지혜로운 어른들의 말씀을 듣고서
남는 물건을
덜 가진 사람들과 서로 나눠 가졌거든.

그래서 마을에는 남는 물건이나 가치있는 물건
을 적절히 나눌 수 있는 사람이 가장 존경받았지.

그러던 어느 날,
'100명이 사는 마을' 에
'돈' 이라고 하는
아주 편리한 물건이 생겼단다.

그전에는 바지를 한 벌 사려면
그만큼의 값어치가 있는 쌀이나 콩을 들고
바지 장수에게 가야 했는데
여간 불편한 일이 아니었지.

그런데 돈은 훨씬 가볍고 상하거나 썩는 물건도
아니라서 가지고 다니기도 편리하고 모아놓기도
좋았단다.

아마 '100명이 사는 마을'에서는 돈도 평등하게
나눠 가졌을 거야.

예를 들어 우리 집에 3천 원이 생겨서 그 돈을 우리 세 식구가 나누게 되었다고 생각해 보렴.

그런데 만약 아빠가 천 원 이상을 가지겠다고 우기면 엄마와 너, 둘 중 한 명은 반드시 천 원보다 적은 돈을 가질 수밖에 없지.

가족들은
어려운 일이 있을 때
서로 돕잖니?

처음에는 그 마을에서도 풍족한 사람이 부족한
사람을 도왔단다.

그런데 언제부터인가 혼자서 많은 돈을
차지하고 돈 없는 사람들을 지배하려는
이들이 생기기 시작했어.

심지어 이런 일도 생겼지.

　돈을 맡기기만 하면 나중에 더 많은 돈을 돌려준다고 말하며 다른 사람들의 돈을 가져가 모으는 거야.
　사람들은 돈을 모으면 큰일을 할 수 있기 때문에 마을이 더 풍요로워질 거라 믿었지.
　또 이자를 받아 좀 더 편히 돈을 벌려고 한 사람도 있었단다.
　그래서 사람들로부터 돈을 모으기란 참으로 쉬운 일이었지.

결국 어떻게 되었을까?

남는 돈은 전부 힘있는 사람에게로 모였지.

하지만 마을에는 돈이 없어 곤란한 처지에 놓인 사람도 생기게 되었단다.

마치 우리 집에 있는 3천 원 중에 2천 원을 아빠가 가져가 버리면 엄마와 네가 천 원을 나눠 써야 하는 것처럼 말이야.

그럼 형편이 어려운 사람들은
이제 부자들에게 돈을 빌리게 되었나요?

그렇지.
그런데 돈을 가지고 있는 사람은
돈을 빌려주는 대신에 조건을 걸었단다.

일정 기간이 지난 후 빌린 돈을 갚을 때는 이자
를 더해 갚아야 한다고.

애야, 잘 생각해 보렴.

아빠에게 2천 원, 엄마에게 천 원이 있는데 네가 돈이 필요해서 아빠한테 천 원을 꿔갔다고 하자.

그런데 시간이 흐른 뒤 돈을 갚을 때가 되자 이자가 점점 불어 네가 아빠한테 갚을 돈이 2천 원이 된 거야.

우리 집에는 3천 원밖에 없으니 너는 아빠한테 돈을 갚기 위해 엄마가 가지고 있는 천 원마저 빌려야 할 상황이 돼버리지.

그런데 네게 천 원을 빌려주고 나면 엄마도 돈이
없어서 곤란해지지 않겠니?

이처럼 돈은
어느 한 사람이 독점하면
반드시 다른 누군가는
곤란을 겪게 된단다.

한곳에 필요 이상의 돈이 모이면 그만큼 어딘가
에는 돈이 부족해지지.

이는 마치 의자 네 개를 두고 다섯 사람이 빙글
빙글 돌며 의자를 차지하는 놀이와 같단다.

만약 네 사람이
의자를 차지하고 절대 일어나지 않는다면
한 사람은 계속 서 있다가
힘이 빠져 쓰러지고 말겠지.

힘든 사람을 위해
잠시 자기 의자를 양보할 줄 아는
사람이 한 명도 없는 세상이 되는 거야.

그럼 부자들 중에는
어려운 처지에 놓인 이들을
도우려는 사람이 없나요?

아니, 있었을 거야.

사실 돈은 매우 매력적인 물건이지.

돈을 많이 벌면 갖고 싶은 물건을 맘껏 살 수도
있고 다른 사람들을 도울 수 있는 힘도 생긴단다.

다시 말해 돈이 많은 사람은 모든 사람들이 바라
는 일을 누구보다 먼저 실현할 수 있는 멋진 능력
도 가지게 되는 거야.

하지만 돈을 많이 벌었는데도 더 많은 돈을 벌기
위해 다시 여러 곳에서 돈을 끌어오는 사람이 생겼
지.

그래서 결국
가난한 사람의 돈도
부자들의 배를 불리는 데
쓰이는 세상이 되고 말았어.

예전에 아빠와 함께
카드 놀이했던 일 기억나니?

그때 아빠는 네가 갖게 되면 기뻐할 만한 카드를
가지고 있으면서도 다른 카드를 내밀었단다.
아빠가 그 카드를 내지 않으면 네가 곤란하게 되
리라는 사실을 알면서도 아빠
그 게임에 이기기 위해
그렇게 했단다.

그런 놀이에서도 자신이 이기기 위해 상대를 너무 심하게 몰아붙이면 서로 기분이 상해서 사이가 멀어지게 될 수도 있지.

그렇다고 네가 이기게끔 봐주다 보면 아빠 네게 일부러 져주는 셈이 돼.

그렇게 쉽게 이길 수 있는 놀이라면 넌 더 이상 흥미를 느끼지 못할 거고 전처럼 이기기 위해 열심히 노력하지도 않을 거야.

그래, 세상에는
이기는 사람이 있는가 하면
당연히 지는 사람도 있단다.
하지만 진 사람도 일어나 다시 한 번
도전할 수 있는, 그런 용기를 줄 수 있는
게임을 해야 한단다.

게임이나 경기, 승부, 그 자체는 나쁘지 않지.

하지만 정정당당하게, 페어플레이 정신으로 싸우지 않는다면 문제가 된단다.

항상 정정당당하게 경기를 하는 사람이 이긴다면 세상 모든 일들이 잘 풀릴 텐데…….

그러나 지금
'100명이 사는 마을'에는
자신만 좋은 것을 차지하려는
사람들이 이기는 그런 경기가
여기저기서 벌어지고 있어.

그래서 가난한 사람은 점점 더 가난해지고
세상의 인심은 각박해져만 가지.

아빠,
돈을 가진 사람은
모두 이기적이 되나요?

모두 그런 것은 아니란다.
하지만 돈의 힘이란 마치 총과 같아.
위험한 일이 닥쳤을 때는 나를 보호할 수 있는
고마운 물건이지만 때론 다른 사람을 해치
는 데 쓰이기도 하지.

그리고 가지고 있으면 나 편한 대로 마음껏 쓰고 싶어져서 실제로 자신의 이익을 위해 사용하는 사람들도 생긴단다.

어쩌면 사람들이 저금한 돈도 이렇게 나쁜 마음을 가진 사람들 주머니로 들어가고 있는지 몰라.
만약 그렇다면 우리는 자신도 모르게 자신의 돈이 나쁜 일에 쓰이도록 돕고 있는 것은 아닐까?

따라서 '100명이 사는 마을'에 어떤 나쁜
일이 생긴다면 그것은 어느 한 사람 잘못
만이 아니란다.
그곳에 사는 모든 사람들이 책임져야 할
일이지.

제가 가지고 있는 용돈으로 저보다 어려운
사람들을 돕고 싶어졌어요.
아빠, 그래도 괜찮죠?

그럼, 물론이지.
아주 좋은 생각이구나.

　그런데 돈으로 사람들을 도울 수도 있지만 돈 없이도 사람들을 도울 수 있는 방법은 얼마든지 있단다. 지금 네 용돈으로 빵을 사서 굶고 있는 이들에게 나눠 준다고 해도 그들이 배부른 건 잠깐 동안이지.

　스스로 돈 벌 생각을 하지 않는다면 그 사람은 또다시 배를 곯게 될 거야.

아빠 생각에는 애정 어린 마음으로 그에게 삶의 지혜를 가르쳐 주거나 그 사람 스스로 살아갈 수 있는 힘과 용기를 북돋아준다면 더욱 좋을 것 같구나.

돈을 지혜롭게
사용하는 일도 중요하지만
'100명이 사는 마을'에서
가장 중요한 것은
무슨 일이든 서로 힘을 모아
풀어가야 하는 점이란다.

지금 어려운 처지에 놓인 사람이 있다고 해도 그
가 어렵게 된 이유가 꼭 다른 사람 때문만은 아니
야.

누군가 해코지를 하지 않아도 스스로 어려움에
빠지는 사람들이 있는데 그럴 때는 자신을 어렵게
만든 원인이 무엇인지 스스로 판단하고 깨닫는 일
이 무엇보다 중요하지.

스스로 자신을 변화시키지 않는다면 똑
같은 어려움에 또 빠지게 될 테니까.
하느님은 장난 삼아 인간을 곤경에 빠뜨
리시는 분이 아니란다. 어떠한 일에든 반
드시 그 이유가 있지.

　지난번에 할머니께서 편찮으셔서 병원에 입원했을 때 아빠와 함께 병문안 갔던 일 기억나니?

　그때 우리가 할머니를 뵙고 환하게 웃자 할머니께서도 곧 환한 웃음을 되찾으셨잖아.
　할머니를 뵙고 아빠는 생각했단다.
　어쩌면 할머니께서는 너무 외로워서 병이 나셨던 게 아닐까 하고 말이야.
　사랑을 받으면 병도 씻은 듯 낫지만 그렇지 못하면 점점 악화된다는 말을 들은 적이 있단다.
　그렇다면 사랑이 넘치는 세상이 그리워서 병에 걸리는 사람도 있지 않겠니?

병든 사람과 가난한 사람들이
다시 이 세상에
사랑이 가득해지기를 바란다며
끊임없이 신호를 보내고 있구나.

행복이나 불행은 자신도 모르게 스스로 선택하고 있는지도 모른단다.

그렇기 때문에 누군가를 돕고 싶다면 눈에 보이는 어떤 부분을 좋게 만들어주기보다 그 사람이 마음속 깊이 행복을 느낄 수 있도록 사랑으로 대해야 하지.

그리고 만약 네가 곤란한 상황에 처해 누군가의 도움이 필요하게 될 때는 움츠리지 말고 마음을 열어 다른 사람의 사랑을 받아들이는 일도 중요하단다.

지금 세상에는
사람들 사이에 유대가 적어지면서
사랑이 메말라 가고 있는데
아마도 그건
마음이 혼란스러운 사람들이
사물을 제대로 보지 못하기 때문일 거야.

그저 아무것도 아닌 기다란 줄도
어둠 속에서 보면 시퍼런 뱀처럼 보이곤 하지.
두려운 마음으로 바라보면
더욱더 무섭게 보인단다.

그럴 때는 불을 켜서 주위를 환하게 밝히
려무나.

그러면 시퍼런 뱀 따위는
애초에 없었다는 사실을 알게 될 거야.

돈은 죽지 않지.
하지만 죽어서도 돈을 사용할 수는 없잖니?
돈은 영원한 게 아니야.
하지만 돈만 있으면
모든 자유를 얻고 모든 것을
지배할 수 있다는 착각에 빠진
사람들이 있단다.

　사람들이 조금씩 키워가는 이러한 착각들이 이 세상의 균형을 깨뜨리지.

　아빠는 이렇게 생각해.
　뭔가 문제가 생겼다는 사실을 깨달았을 때 사람들이 그것을 계기로 좀 더 소중한 진실에 눈을 뜨고 어둠으로 가득한 세상에 불을 밝힐 기회를 가질 수 있다고 말이야.

사실
돈을 많이 가지고 있는
사람이라 하더라도
사랑이 메마른 세상에서
마음의 상처를 입고
고통스러워하고 있을지도 모르잖니?

그럼 돈을 빌려주고
이익을 얻으려는 사람들이 없어지면
괜찮아질까요?
아니면 아예 돈이란 게
생기지 않았더라면 좋았을까요?

아니란다, 얘야.
돈을 가지거나 빌려주고 빌리는 일은
나쁜 게 아니야.
돈은 편리한 물건이지.
필요하면 빌려서 쓸 수도 있어.
열심히 일해서 빌린 돈을 갚으면 돼.
오히려 필요한 무언가를 얻기 위해
열심히 노력하는 사람이 늘어난다면
세상은 더 활기 차게 변하겠지?

바른 생각을 가진 사람에게
돈이 모이면 돈은
좋은 일에 쓰이고
세상은 더 살기 좋아질 거야.

사회를 위해 공헌할 수 있는 사람에게 많은 돈이
모이면 그 사람은 자신의 힘을 더 강력하게 발휘할
수 있을 거야. 그래야 사회도 더 발전하게 될 테고.

그래서 돈이란
사회를 위해 공헌하는 사람에게
반드시 있어야 할,
일종의 도구라고 할 수 있단다.

학교 선생님이나 의사 선생님, 목사님들도 월급을 받지 않니?

생활에 필요한 물건을 만들거나 사회에 도움이 되는 좋은 일을 할 때도 자신이 일한 만큼 정당한 대가가 주어진다면 더 열심히 하게 된단다.

이렇게 번 돈은 그 사회에 활기를 불어넣고 유용하게 쓰이지.

네가 잊지 말아야 할 것은 그런 사회를 만들어야 한다는 이야기란다. 누구나 세상에 도움이 되는 좋은 일을 하고 그에 합당한 대가를 받는 그런 사회 말이지.

나무들은 우리 눈에는 보이지 않는 땅속 세상으로부터 물을 비롯한 온갖 영양분을 흡수해서 살아간단다.

나무는 그렇게 빨아들인 영양분을 몸 구석구석으로 잘 보낼 수 있는 적합한 조직도 갖고 있지.

그런데 만약 모든 영양분이 잎사귀 한 장에 다 모이게 된다면 그 나무는 어떻게 되겠니?

뿌리와 줄기, 가지, 그리고 다른 잎사귀들은 어떻게 될까?

세상에는 보이지 않지만
세상을 움직이는 '생명의 힘'이 있어.

그것이 수액과 하나가 되어 나무 구석구석에 영양분을 날라줘야 나무는 싱싱하게 자라날 수 있단다.

돈도 이 '생명의 힘'과 하나가 되어 움직인다면 세상 사람들은 모두 돈의 훌륭한 쓰임새 덕분에 행복해지지 않을까?

이 세상도 마찬가지란다.
아빠는 어딘가에 또 다른 세상이 존재할
거라는 생각이 드는구나.

그곳은 눈에 보이지 않는 세상이지.

사랑이나 우정,
타인을 위한 배려,
그리고 '생명의 힘'이
꿈틀거리는 세상…….

그러면 ‘생명의 힘’ 이 부족한 사람이 허전한
마음을 채우기 위해 돈을 혼자서 많이 가지
려고 욕심을 부리는 건가요?

그래, 바로 그렇단다.
예전에 ‘100명이 사는 마을’ 은
‘생명의 힘’ 을 아주 소중히 여겨서
이를 지키려고 노력했지.

하지만 지금은 아쉽게도 이 전통이 사라지고 말
았단다.
그래서 이기적인 사람들은 돈만 모으려 하고
가난한 사람들은 그들의 희생양이 되지.

아빠,
그럼 앞으로 이 세상에는
가난한 사람들이 더 늘어나는 건가요?
그리고 나쁜 짓을 하는 사람들도
더 늘어나나요?

애야, 시계추를 한번 보겠니?
무엇이든 저 시계추처럼
한 번 갔다가는
결국 다시 돌아오기 마련이란다.

사람들도 이대로 있다가는 세상의 앞날이
밝지 않으리라는 사실을 깨닫기 시작했지.
그래서 그런 마음을 모아
세상을 바꾸려 하고 있단다.

모두들 아무런 걱정이 없다면 말이지,
두려움도 없고 불안한 마음도 없다면 말이지,
누구도 돈을 혼자서 독차지하겠다는 욕심은
부리지 않을 거야.

중요한 건 마음이란다.
마음을 바꾸면 틀림없이 세상도 바뀔 거야.

아빠,
'보이지 않는 세상' 이란 건
어디에 있어요?

네가 있는 곳에서 그리 멀지 않은 곳에 있어.

아빠도 가끔 안경을 끼고서
안경을 어디에 두었는지
계속 찾을 때가 있지?

**가장 가까운 곳에
있지만 단지 잊고
있을 뿐이란다.**

애야, 잠시 눈을 감아보렴.

그리고 이 세상을 정말 훌륭하게 만들기 위해 보
이지 않는 곳에서 우릴 돕고 계신 하느님의 마음속
으로 들어가 보겠니?

숨을 깊게
들이쉬었다
내쉬어보렴.

네 마음속에는 아주 오래전
'100명이 살았던 마을' 과 같은
낙원이 펼쳐질 거야.

눈을 감고서
우리가 잊고 살았던 세상을 떠올려 보렴.
모든 사람들이 이런 마음으로 살아간다면
세상은 곧 낙원으로 바뀔 거란다.

만약 병들
지 않고 건강
하게 살아 있다는 사
실에 감사하며 잠에서 깨어난다면…

일주일 후에도 자신이 살아 있을지 걱정하며 불
안에 떠는 100만 명의 사람들보다 행복
하지 않겠니?

만약…
전쟁의 위험이나 감옥에 갇혀 지내는
외롭고 고통스러운 시간,
혹은 굶주림의 괴로움을 단 한 번도
경험하지 못했다면…

이 세상에 있는 5억 명의 사람들보다는
행복하지 않을까?

또한 오랫동안 누군가에게 쫓기거나 체포, 고문 혹은 죽음의 공포를 느끼는 그런 일이 없다면…

이 세상에 있는 30억 명의 사람들보다는 행복하겠지?

만약 냉장고에 먹을 음식이 가득하고,
집에는 입을 옷이 있으며,
머리 위에는 지붕이 있어
편히 잠잘 수 있는 아늑한 곳이 있다면…

이 세상에 있는 75%의 사람들보다 훨씬 부자가
아닐까?

만약 저축해 둔 돈이 있고 지갑 속에는 돈이 가
득하며 집 안 어딘가에 비상금을 감추어두었다
면…

이 '100명이 사는 마을' 에서 가장 유복한 여덟
명 중의 한 사람이지.

마치 기적과도 같은 인연으로
너는 아빠의 아들로 태어나 여기 살고 있구나.

눈에 보이지 않는 '생명의 힘'을 받아 하느님의
은총을 받지 못한 불쌍한 사람들을 진심으로 사랑
하는 마음을 담아 그들을 위해 기도하고 갈망한다
면 세상은 틀림없이 낙원이 된단다.

마음속에 사랑이 가득하고 항상 다른 사람을 배
려하며 무슨 일에든 두려움없이 맞설 수 있다면 이
세상은 그야말로 아주 오래전의 '100명이 사는 마
을'과 다름없단다.

자, 두 눈을 감고
가만히 네 마음속을 들여다보렴.
잊고 살았던 세상이
다시 우리에게 다가오는 게 느껴지니?

세상 사람들이
이런 마음으로 살아간다면…
틀림없이 세상은 낙원으로 바뀔 거야.
반드시 그렇게 될 거란다.

마음이 담긴 돈과
이상을 함께 나눌 수 있는 이웃,
그리고
생명의 힘이 있다면
세상을 변하게 할 수 있어!

마음이 따뜻해지는 내용을 담아 친구 세 명에게 메일을 보냅니다.

메일을 받은 친구는 또 자신의 친구 세 명에게 메일을 보냅니다.

한 명이 시작한 메일이 세 명, 아홉 명, 스물일곱 명, 여든한 명… 에게 전달되고 그런 일이 10번 반복되면 무려 5만 9,049명이 이 이야기를 받아볼 수 있습니다.

단지 각자 친구 세 명에게 이야기를 전달했을 뿐인데 말이지요.

　　이처럼 세상에 따뜻함을 전할 수 있는 무척 독특한 발상의
이야기를 하나 더 소개하겠습니다.

　　어느 날, 백만장자가 자신의 아들에게 가난이 무엇인지 알
려주고자 계획을 세웠습니다. 그는 아들에게 세상 사람들이
얼마나 가난하게 사는지 체험시켜서 부자 아버지를 둔 자신이
얼마나 행복한지를 깨닫게 하고 싶었습니다. 그래서 그는 아
들을 시골에 있는 자신의 친구 집에 한 달 동안 보냈습니다.

　　한 달 후 아들이 돌아왔습니다.

　　"얘야, 이제 가난이 어떤 것인지 알겠니?"
　　"예, 잘 알게 되었어요."
　　"그래, 그럼 어떤 사실을 깨달았는지 아버지한테 말해 보겠
니?"
　　아버지의 물음에 아들이 대답했습니다.
　　"우리 집에는 새장 속에 새가 한 마리 있을 뿐인데 아저씨
댁에는 개도 있고 소도 있었어요. 마당에 와서 낟알을 쪼아 먹
는 새들의 숫자는 셀 수도 없었지요."

"그리고 우리 집 뜰에는 수영장이 하나 있을 뿐이지만 아저씨 댁 근처에는 한없이 깊은 호수와 끝없이 이어지는 긴 강이 있었고……."

"우리 집 뜰에는 밤이 되면 눈이 부신 전등을 켜야 하지만 그곳에는 어둠이 찾아올 때면 하늘 가득 별들도 함께 찾아왔어요. 그래서 아늑한 별빛이 제 앞을 비춰주었죠."

"우리 집 뜰에는 우리 집과 바깥 세상을 구분하는 벽이 서 있지만 그곳에는 넓은 산과 들이 끝없이 펼쳐져 있더군요."

"그리고 우리 집엔 우리를 위해 시중을 드는 사람들이 있지만 그곳의 사람들은 다른 사람들을 위해 봉사를 하고 있었고요."

"우리들은 우리들이 먹을 음식을 사야 하지만 그 사람들은 자신들이 먹을 음식을 직접 키우더라고요."

"우리 집은 담을 세워 우리를 지키지만 그 사람들에게는 자신을 지켜줄 친구들이 있었고요."

아들의 대답에 아버지는 할 말을 잃었습니다.

마지막으로 아들은 이렇게 말했습니다.

"아버지, 우리가 얼마나 가난한지 깨닫게 해주셔서 정말 고맙습니다."

물질적인 것만 중요하게 생각했던 아버지는 무엇을 깨닫게 되었을까요? 그것이 아주 새롭거나 놀라운 진실은 아니었겠죠?

그저 '잊고 살았던' 일일 뿐입니다.

찾아 헤매던 안경이 자신의 코 위에 얹어져 있다는 사실을 알아차렸을 때나 기억 상실에 걸렸던 누군가에게 한순간 모든 기억이 되살아나는 일처럼 단지 잊고 있었던 사실 말이지요.

항상 해답은 자신의 마음속에 있다가 어느 날 갑자기 깨달음을 주죠.

진실은 끝없이 펼쳐진 기억 속에 존재하고 있으며, 여러분이 자신을 깨달아주기만을 끊임없이 기다리고 있습니다.

어느 소가 진실을 발견해 낸 재미있는 이야기입니다.

아주 오래전, 무척이나 감미롭고 매력적인 향기 속에서 살던 '자코' 라는 소가 있었습니다.

'이 놀랄 만큼 향긋한 냄새는 도대체 어디서 풍겨오는 거지?'

자코는 코를 킁킁거리며 주위를 둘러봤지만 도대체 어디서 풍겨오는 향기인지 알아낼 수 없었지요. 그래서 자코는 향기의 근원을 알아내기 위해 여행을 떠났습니다.

자코는 걷고 또 걸었습니다. 그동안에도 향기는 사라지지 않았지만 대체 어디서 나는 향기인지는 좀처럼 알아낼 수 없었습니다. 자코는 길을 떠난 뒤에 여러 소들을 만났습니다.

"너도 이 향긋한 냄새가 느껴지니?"

자코는 만나는 소들에게 모두 물어보았습니다. 하지만 오히려 그들은 자코에게 되물을 뿐이었습니다.

"응, 너무나 달콤하고 좋은 향기인걸. 그런데 이 향기는 어디서 나는 거야? 자코, 네가 알고 있으면 좀 알려줄래?"

자코는 포기하지 않고 열심히 그 향기를 찾아 헤맸습니다. 그렇지만 열심히 찾으면 찾을수록 그 향기는 옅어져서 향기가 나는 방향을 알 수 없었습니다. 마침내 자코는 걸을 수조차 없을 만큼 지쳐서 커다란 나무 그늘 아래 눕고 말았습니다.

그런데 이게 어찌 된 일일까요?

사라져 가던 향기가 다시 예전과 같이 자코의 코에 흘러들었습니다.

'조용히 마음을 가라앉히고 있으니 향기가 진하게 느껴지는걸!'

자코는 좀 더 마음을 집중시키고 자신을 돌아보다가 마침
내 깨달았습니다.

"이 향기는 여기에 있었어! 항상 나와 함께 존재했던 거야!"

그렇습니다. 그 향기는 바로 자코 자신에게서 풍겨 나오는
향기였던 겁니다.

자코는 길에서 만났던 소들마다 했던 이야기가 떠올랐습니
다.

"자코, 이런 멋진 향기를 맡게 해줘서 정말 고마워!"

나무의 씨앗 속에 있는 보이지 않는 '생명'

인도에서 발견된 세계 최고(最古)의 문헌 '베다(Veda)'에는 자연의 내면 깊은 곳에 '초월적이고 절대적인 불멸의 존재'가 있다고 기록하고 있습니다.

이 베다의 해설서라고 불리는 〈우파니샤드(Upanisad)〉에는 한 아버지가 보이지 않는 세상에 대해 아들에게 설명하는 이야기가 나옵니다.

아버지 : 내게 보리수나무의 열매를 가져오거라.

아 들 : 가져왔습니다.

아버지 : 그것을 반으로 쪼개보거라.

아　들 : 쪼갰습니다.

아버지 : 무엇이 보이느냐?

아　들 : 아주 작은 씨앗이 보입니다.

아버지 : 그중 하나를 갈라보거라.

아　들 : 갈랐습니다.

아버지 : 무엇이 보이느냐?

아　들 : 아무것도 보이지 않는데요.

아버지 : 아들아, 네가 볼 수 없는 그 작은 씨앗 속에는 보리수나무가 들어 있단다. 지금은 비록 작은 씨앗에 불과하지만 그 안에도 커다란 보리수나무가 될 자신의 자아가 들어 있지. 그것이 바로 진리이며 진정한 자아란다. 내 아들 슈베타케이토우야, 너 역시 바로 그런 존재란다.

인류의 역사는 낡은 사고방식과 새롭게 나타난 진실이 충돌하는 반복적인 과정이었습니다. 그래서 자신의 사상을 지키기 위해 사람들이 피를 흘리며 싸우는 일도 있었지요.

사람들이 오랜 시간 동안 믿고 간직해 온 가치관은 이미 자신의 마음과 몸 구석구석에 배어 있기 때문에 그것을 하루아침에 바꾸는 일은 쉽지 않습니다.

갈릴레이는 사람들이 모두 '태양이 지구 주위를 돈다' 라고 믿었던 시대에 그들과 다른 생각을 가졌습니다.

그는 태양이 중심이며 지구가 태양의 주위를 돌고 있다고 하는 과학적인 진실을 세상에 내놓았지요. 사람들이 상식이라 생각했던 믿음과 종교적인 믿음, 그는 이 두 가지 벽에 과감하게 도전했고 그래서 감옥에 갇히기도 했지만 결국에는 그의 생각이 옳다는 사실이 증명됐습니다.

'패러다임의 교체(Paradigm Shift : 과학 공동체 믿음의 변화)'라고 하는 사고방식을 처음으로 제창한 토머스 쿤은 '인간 사회가 새로운 가치관을 받아들이는 데에는 그 실험적인 사실이 얻어지고서도 30년은 더 걸린다'라고 말했습니다.

이는 새로운 사고방식이 널리 받아들여지기 시작한 후에도 그때까지 낡은 사고방식으로 모든 것을 배운 사람들이 일선에서 물러나 새로운 사고방식이 정착하는 데는 30년 정도의 시간이 필요하다는 뜻입니다.

자, 그럼 지금 여기에 세계 평화에 대한 아주 새로운 과학적 논리가 있는데 그것이 상식을 훨씬 뛰어넘는 것이라고 한다면, 여러분은 과연 그 사실을 받아들이시겠습니까?

가끔은 진실을 가려내는 직감적 능력이야말로 다른 무엇보다 우선되어야 한다는 생각이 듭니다.

어느 누구도 시험해
보지 않은 세계 평화를 위한
새로운 방법을 생각해 봅시다

역사가 시작된 이래 인류는 8천 건 이상의 평화 조약을 맺었다고 합니다. 그런데 그 조약들이 지속된 기간은 평균 9년에 지나지 않았다더군요.

1920년, 제1차 세계 대전에서 승리한 연합국을 주축으로 국제 평화와 안전을 유지하고 경제적 사회적 국제 협력을 증진시키기 위해 '국제 연맹'이 창설되었습니다. 각 나라의 대표들이 모여 서로의 의견을 나누고 대화하면 총칼을 들고 싸우는 일을 막을 수 있을 거라 생각했지요.

하지만 그로부터 20년 후에 다시 제2차 세계 대전이 일어나고 말았습니다.

국제 연맹이 실패로 끝난 뒤에 다시 '국제 연합'이 탄생했습니다. 국제 연합은 '유엔(UN : United Nations)'이라고도 하는데, 전쟁을 방지하고 평화를 유지하며 정치, 경제, 사회, 문화 등 모든 분야에서 국제 협력을 증진시키는 역할을 하는 국제 기구입니다.

하지만 그 이후에도 150여 건의 대규모 전쟁이 일어났습니다.

이를 보면 정치적인 교섭이나 조약, 혹은 무력을 행사해서는 절대로 세계 평화를 지킬 수 없다는 사실을 확인할 수 있습니다.

그렇다면 어떻게 해야 세계 평화를 이룰 수 있을까요?

지금까지 상식이라 믿어왔던 일들을 뛰어넘어 유연하게 생각해 봅시다. 여지껏 시험해 본 적 없는 완전히 새로운 방법이 있다면 그것이야말로 해결의 실마리가 될 것이 틀림없습니다.

세상의 모든 땅들을 융단과 같이 부드럽게 만들려고 한다면 그 부드러운 땅을 더럽히거나 상하게 하지 않을 만큼 밑

창이 연한 구두도 준비해야 합니다. 그렇다면 평화로운 세
계를 만들기 위해서는 먼저 우리가 무엇을 준비해야 할까
요?

자신과 같은 가치관을 가진 친구를 찾아내세요

"어떻게 하면 빈곤과 고통, 그리고 전쟁의 위협에서 이 세상을 구할 수 있을까요?"

〈아름다운 세상을 위하여(Pay it Forward)〉라는 영화를 보면 주인공으로 나온 중학생 소년이 아주 기발한 방법의 답을 찾아냅니다.

바로 자신이 먼저 친구 세 명을 돕고 도움을 받은 친구들이 마찬가지로 다른 친구 세 명을 도와주는 방법입니다. 그 '도움의 네트워크'가 세계 평화를 가져다 준다고 하는 발상이지요. 학교의 비상 연락망처럼 작은 활동이 모이면 이 커다란 세상도 움직일 수 있다는 원리입니다.

남을 헐뜯는 소문은 놀랄 정도로 빨리 퍼지지만 이 시대의 고정관념을 바꿀 만한 정보나 소문이 퍼지는 데는 꽤 오랜 시간이 걸립니다. 그 이야기에 관심없거나 동의하지 않는 사람은 자신이 듣고도 다른 친구에게 이야기를 전하지 않기 때문이지요.

그래도 한 사람이 친구 한 명, 혹은 두 명에게 이야기를 전하는 일은 어렵지 않습니다. 혼자서 이 세상 사람 모두에게 이야기를 전할 필요는 없답니다. 자신의 생각에 동의하는 친구, 자신과 같은 생각을 하는 친구 몇 명에게 전달하는 일부터 시작하면 됩니다.

이때 중요한 점은 바로 '조직' 입니다. 이야기를 들은 사람이 똑같이 그 이야기를 전달하도록 하기 위해서는 어떤 체계가 필요하거든요.

예를 들어 물이 말라 버린 논을 살리는 일을 생각해 봅시다.

말라 버린 논바닥에 물을 대기 위해서는 땅을 파고 여기저기에 물이 지나다니도록 물길을 만들어야 합니다.

급하다고 해서 물을 가득 싣고 와 논 위에 퍼붓는다면 그때 한 번은 논을 사용할 수 있을 겁니다. 그러나 다음 해, 또 다음 해에도 매번 똑같은 일을 해야 하죠. 그 대신에 시간과 노력을 들여 물길을 한번 만들어놓으면 오랫동안 잘 사용할 수 있답니다.

공동체를 구성하는 방법은 여러 가지가 있습니다. 그중에서 인터넷을 활용한 여러 방법들은 정말 획기적인 결과를 가져왔지요. 인터넷을 통해 친목을 다지거나 같은 취미를 추구하는 이들끼리 모임을 가질 수 있고, 포교 활동을 하는 이들도 있으며 이를 이용해 사업을 하는 사람들도 있습니다. 각계각층에 있는 사람들이 인터넷을 통해 서로 연결되어 있기 때문에 다양한 정보가 빠른 속도로 이 사회에 퍼져 나갑니다.

MLM(Multi Level Marketing : 다단계 판매 방식) 또한 획기적인 마케팅 방법입니다. 이는 앞으로 마케팅과 유통 산업을 이끌 전략으로써 주목을 받고 있으며 대학에서도 수업 과목으로 채택되고 있습니다. 하지만 이 방식을 싫어하는 사람도 있습니다. 왜일까요?

대부분의 MLM은 자신들이 제공하는 상품이 뛰어나다는 이유로 계속해서 그 상품을 구입하기를 권유합니다. 또한 구매자를 새로운 판매자로 만들기 위해 자신들의 조직 체계를 이용하죠. 그런데 소비자를 위한다는 구실로 구입을 재촉하거나 강요하여 자신의 잇속만 챙기는 이들도 있어 사람들에게 나쁜 인상을 줬답니다.

하지만 전반적으로 보면 MLM은 유통 업계에서 크게 성공을 거두고 있기 때문에 이런 방식을 배워야겠다고 생각하는 사람들이 여전히 많습니다. 전달하려는 사람이 순수한 마음을 가지고 있다면 좋은 제품과 좋은 발상도 함께 전할 수 있죠. 이처럼 MLM을 잘 이용하면 세상을 좋게 바꿀 만한 가능성이 있답니다.

자신과 같은 사고를 가진 사람들의 수를 늘려가는 이러한 체계는 지금까지 사업 분야에서 활용되었지만 앞으로는 이상적인 공동체 형성을 위한 수단으로써 여러 분야에서 주목받을 것입니다.

원숭이 사회에
큰 이변이 일어났습니다

1958년에 있었던 일입니다. 미야자키[宮崎] 현의 남쪽에 있는 카라시마[辛島]에서는 1952년부터 야생 원숭이에게 고구마를 먹이로 가져다 주었습니다. 사람들이 던져 준 고구마에는 흙이 묻어 있었지만 원숭이들은 흙을 털고 맛있게 먹었습니다.

그런데 생후 8개월이 지난 영리한 암컷 원숭이 한 마리가 놀라운 행동을 했습니다. 이 원숭이는 사람들이 던져 준 고구마를 바닷물에 씻어서 먹었던 겁니다. 고구마를 바닷물에 씻으면 흙도 떨어져 나가고 짭짤한 소금 간도 배어 고구마를 더 맛있게 먹을 수 있었던 거지요. 그래서 사람들은 이 원숭이를 '이모코(고구마 아이)'라고 불렀답니다.

이모코가 바닷물에 고구마를 씻어 먹는 모습을 보면서도 다른 원숭이들은 자기들이 하던 대로 흙만 탁탁 털어서 고구마를 먹었습니다. 이모코의 행동이 얼마나 도움이 되는 일인지 몰랐던 거지요.

시간이 조금 지난 뒤에야 호기심 많은 어린 원숭이들과 엄마 원숭이 몇몇이 이모코의 행동을 유심히 살펴보고 따라하기 시작했습니다. 이렇게 섬에는 고구마를 씻어 먹는 원숭이들이 하나둘 늘어갔지요. 그렇게 백 번째 원숭이가 고구마를 씻어 먹는 방법을 익혔을 때, 섬에는 큰 이변이 일어났습니다. 섬에 있는 모든 원숭이들이 고구마를 바닷물에 씻어 먹게 된 겁니다.

이야기는 거기에서 멈추지 않습니다. 놀랍게도 같은 시기에 멀리 바다 건너 다른 섬에 살고 있던 원숭이와 다카사키[高崎] 산에서 떼를 지어 사는 원숭이들에게도 같은 습성이 퍼져 있다는 사실을 발견할 수 있었습니다.

받아들이는 사람이 일정 수를
넘게 되면 어느 날 갑자기 모든
사람들이 그것을 이해합니다

세상에서 일어나는 일에도 원숭이 사회와 같은 일이 많습니다. 한 명, 두 명이 변해가다 일정한 숫자를 넘어서면 갑자기 모든 사람에게도 변화가 찾아오는 일 말입니다.

예를 들어, 2002년에 한국과 일본이 공동 개최했던 월드컵을 생각해 보세요. 처음 몇 사람이 붉은 티셔츠를 입고서 요란한 차림새로 돌아다닐 때는 그 모습을 보고 눈살을 찌푸리는 이들이 많았습니다. 하지만 대회가 무르익어 가면서 점차 그런 차림새를 한 사람들이 늘어났고, 어느덧 온 국민이 우리 대표 팀의 경기가 있는 날이면 붉은 티셔츠를 입고 응원하는 일을 당연하게 생각했습니다.

　원숭이 사회에서도 아흔아홉 번째 원숭이가 고구마를 씻어 먹은 후, 백 번째 원숭이가 고구마를 씻는 습관을 익힐 때 갑자기 섬 전체에 변화가 찾아왔습니다.

　끓는 물을 생각해 보세요. 가스레인지 위에 물이 든 주전자를 올려놓고 불을 켜면 물의 온도가 점점 올라갑니다. 그렇게 1℃, 1℃ 높아지다가 99℃를 넘어 100℃가 되면 물은 더 이상 액체가 아니라 수증기라는 새로운 형태로 바뀝니다.

　사실 자연계에는 이와 비슷한 현상이 많이 알려져 있습니다. 그 대표적인 예가 절대 영도의 세계에서 일어나는 초전도 현상(어떤 종류의 금속이나 합금을 절대 영도(0 K : -273.16℃)가까이까지 냉각했을 때, 전기 저항이 갑자기 사라지고 전류가 아무런 장애 없이 흐르는 현상)과 초유동 현상(액체 헬륨이 2.19K(-270.97℃)보다도 낮은 온도에서 갑자기 점성(粘性)을 잃고 모세관 안을 빨리 흐르거나, 얇은 막이 되어 용기 벽을 기어오르거나, 자유롭게 밖으로 흘러 나가는 현상)이나 마이스너 효과(초전도체는 그 내부로 자기장이 들어오는 것을 허용하지 않는다. 달리 말하면 재료 내부로

침투한 자기장과 평형을 맞추기 위해 초전도체 내부에서 자기장을 발생시키는 전류를 만들어낸다. 이를 마이스너 효과라고 한다) 등이 있습니다.

우리들의 의식 활동을 지배하는 뇌나 신경계도 양자(量子 : 원자 전자 미립자(微粒子) 따위의 최소 단위량)의 세계로 연결되어 있습니다. 이처럼 부분적인 변화가 전체에 갑자기 영향을 미치는 원리는 우리들이 사물에 대해 가지고 있는 관념의 변화에도 적용할 수 있습니다.

세계 평화의 근본이 되는 개개인의 의식 변혁도 마찬가지입니다.

모든 사람이 함께 변하지 않아도 핵심이 되는 그룹이나 공동체가 어느 임계점(臨界點 : 액체와 기체의 두 상태를 서로 분간할 수 없게 되는 상태. 물이 끓어 수증기로 변하는 상태)까지 퍼져 있으면, 어느 날 갑자기 세계는 그 핵심에 위치한 사람들처럼 사물에 대한 시각이나 관념을 바꾸게 될 겁니다.

마음 깊은 곳에서 순수한
파동이 일어나기 시작하면
세상은 낙원에 다가섭니다

'몇몇 집합의 의식 변화가 결국 세계 전체에 영향을 미친다' 는 가능성은 명상의 세계에서도 확인할 수 있습니다.

1974년, 스위스에 있는 마하리쉬 유럽연구대학에서 마이클 데일베크 교수와 데빗 오므존슨 교수의 연구 그룹에 의해 초월명상(TM)의 흥미로운 현상이 발견되었습니다.

오늘날 초월명상은 서구를 중심으로 널리 퍼져 있으며 세계에서 가장 실천자가 많은 명상법으로도 잘 알려져 있습니다. 그 효과가 여러 연구 기관에 의해 입증되었기 때문인데, 당시에 많은 도시에서 실천자들이 급증했습니다.

미합중국 연방수사국(FBI)에서 내놓은 '1972년 범죄 통계 자료'에 의하면 명상을 실천하는 사람들의 수가 인구의 1% 이상인 도시에서는 범죄 발생률이 현저하게 감소한다는 사실이 밝혀졌습니다. 이에 반해 다른 도시에서는 거꾸로 범죄 발생률이 증가했지요. 그 차이는 15%에 이를 정도로 컸다고 합니다.

이를 계기로 병원의 입원률과 교통사고 발생 건수, 화재 발생 건수, 자살 발생 건수 등도 조사했는데 인구의 1%, 즉 100명 중에 한 사람이 명상을 시작하면 도시에서 일어나는 여러 가지 부정적인 사건이 줄어든다는 사실이 밝혀졌습니다.

그래서 명상의 달인인 사람들을 어느 특정한 마을로 보내 이 '1% 효과'를 다시 실험해 보았는데, 그 역시 성공적인 결과를 얻었다고 합니다.

그 흥미진진한 연구 중에 '암허스트 실험'이 있습니다. 1979년, 미국의 매사추세츠 주의 암허스트라는 곳에 숙련된 명상가 2천 5백 명을 모아 명상을 하도록 했습니다. 그리고 같은 시간, 이곳에 1천 8백 킬로미터 정도 떨어진 아이오와 주 마하리쉬 국제 대학에서 다른 실험자들의 뇌파를 측정했지요.

뇌파 측정에 임한 피실험자들은 명상가가 아니었습니다.

하지만 그들이 눈을 감자마자 명상을 실천하는 사람들에게서 특징적으로 잘 나타나는 뇌파가 나타났다고 합니다.

이번에는 1983년 연말까지 3주 동안 미국 아이오와 주에서 새로운 실험을 했습니다. 전 세계에서 7천 8백여 명에 이르는 명상가들을 초대해 명상을 하도록 했는데, 이 기간에 그야말로 상식으로는 판단을 내리기 어려운 '무언가'가 일어났습니다.

이 명상 기간 중에는 예년과 비교해 교통사고 발생 건수가 절반 가까이 줄어들었습니다. 또한 전염병의 발생률은 30% 감소했으며 특허 출원률은 15%나 증가했다고 합니다.

그리고 중동에서 일어나던 분쟁도 줄어들었으며 테러에 의해 죽은 사람은 아무도 없었습니다.

그 후 여덟 차례에 걸친 대규모 실험에서도 같은 효과를 확인할 수 있었습니다. 그중에서 가장 눈에 띄는 효과를 거둔 실험은 1993년 워싱턴에서 행한 실험입니다.

워싱턴 시경은 실험 기간 동안 범죄가 예년에 비해 20% 정도 감소한다면 명상의 효과를 인정하겠다고 발표했습니다. 통계학적으로 이 수치까지 범죄 발생률을 내리는 일은 거의 불가능해 보였습니다. 기적적으로 눈이라도 쏟아져서 사람들이 모두 집 안에만 틀어박혀 있어야 가능한 일 같았습니다. 또한 시경에서는 오히려 그 기간 동안 범죄가 10% 정도 증가할 거라고 예상했습니다.

먼저 노련한 명상가 5백 명이 도착했습니다. 그리고 놀랍게도 첫 2주 동안 범죄율이 21%나 감소했습니다. 그 후 명상 인원을 4천 명까지 늘리자 참가자들의 수에 호응이라도 하듯 범죄 발생률이 감소했고, 최종적으로 '범죄 발생 26% 감소'라는 놀라운 기록을 만들어냈습니다.

독특한 돈을 만들어서 기적을 만들어낸 이야기입니다.

1929년에 시작된 세계 공황이 끝나갈 즈음, 오스트리아 티롤 지방에 있는 탄광 마을 베르그르에는 마을 사람 5천 명 중에 4백 명이 실업자였습니다.

사람들은 경제가 더 나빠질 거라는 불안감으로 돈을 저축하기 시작했습니다. 그러자 시장에 돈이 돌지 않았습니다. 이로 인해 소비 저하, 생산 감소, 급기야 '실업자의 증가' 라는 연쇄적인 반응이 나타났습니다. 따라서 마을의 세수(稅收)는 격감했고 마을 재정이 파탄할 지경에 이르렀습니다.

당시 마을의 대표였던 미하일 운타굿겐베르거 씨는 새로운 방법을 도입하기로 마음먹었습니다. 그는 '자연이 늙듯 돈도 마찬가지로 늙지 않으면 안 된다' 라고 하는 실비오 게젤(Silvio Gesell)의 이론을 참고하여 마을 의회에서 '지역 통화' 를 발행할 것을 결의했습니다.

마을 의회는 마을의 도로를 새로 놓는 등 사람들에게 일거리를 제공하기 위해 사업을 일으키고 일한 대가로 '노동 증명서' 라고 하는, 이 마을에서만 사용하는 돈을 지급했습니다.

'노동 증명서' 는 1개월이 지날 때마다 액면가의 1%씩 가치가 떨어지는 돈입니다. 따라서 사람들은 그 돈을 오랫동안 가지고 있을 수 없었습니다. 그 결과 이 지역의 통화는 아주 빠른 속도로 유통되었고 마을의 경제는 금세 활성화되었습니다.

마을의 세 수입도 늘어 이전보다 훨씬 풍요로운 마을이 되었습니다.

돈을 자유롭게 만들어도 상관없다는 경제 체계가 있다면 어떻게 하시겠습니까?

한 가지 예를 들어보겠습니다.

이 책을 읽고 계시는 여러분께 제가 만든 돈을 선물한다고 합시다. 이는 제 책을 읽어주신 데 대한 감사의 표시이며 동시에 저는 이 책이 읽힌다는 사실에 대한 가치를 '돈'으로 환산해서 평가하는 것입니다. 그런데 여기에는 한 가지 조건이 있습니다. 돈을 만든 제가 여러분께 건넨 돈의 가치를 인정하고 또 그것을 가진 여러분의 신뢰를 배반하지 않아야 한다는 점입니다. 만약 1시간의 노동이나 천 원에 해당하는 가치를 인정한다면, 언젠가는 그 돈을 가지고 온 사람에 대해 그 가치에 준하는 서비스나 물자를 제공해서 돈과 바꿔 드리지 않으면 안 됩니다.

제가 제공할 수 있는 물건을 많이 가지고 있다면 제가 발행하는 돈을 받아들이는 사람이 점점 늘어날 것입니다. 돈이란 사람들 각자의 가치 판단에 의해 한 사람에게서 다른 사람에게로 전달됩니다. 일정한 가치의 물건과 자신이 발행한 돈을 교환하는 일에 책임을 다한다면 제 돈도 사회에서 순환될 수 있습니다.

이와 같은 돈을 '지역 통화'라고 합니다. 이를 발행한 이가 믿을 만한 사람이라면 그가 발행한 돈은 사람들에게 쓸모있게 사용될 겁니다. 따라서 그 돈이 통용되는 정도를 보면 발행자의 사회적 가치도 판단할 수 있습니다.

이자가 붙지 않는 지역 통화
사람도 마을도 달라졌습니다

1971년, 브라질 남동부에 위치한 쿠리티바 시는 인구가 급
증함에 따라 늘어난 오염과 빈곤 등 여러 가지 문제로 고민에
싸여 있었습니다.

결국 시에서는 도로 한편에 커다란 쓰레기통을 설치하고
쓰레기 분리 수거를 시작했습니다. 그리고 쓰레기를 분리해서
가지고 온 사람에게 토큰을 지불했고 학생일 경우에는 공책을
주었습니다.

이런 체계를 세운 후 얼마 지나지 않아 마을은 놀랄 정도로
깨끗해졌으며 어른들은 토큰을 이용해 일거리를 찾아 마을 중

심부로 갈 수 있게 되었습니다.

또한 이 토큰을 빵 등의 식료품과 교환해 주는 가게도 생겨났습니다. 그 후, 토큰뿐만이 아니라 쓰레기를 분리 수거한 사람에게 유기 야채를 주기도 했습니다.

2000년을 기준으로 쿠리티바 전 주민의 70%가 이 프로젝트에 참가했습니다. 62개의 구역에서만 지금까지 1만 1천 톤의 쓰레기가 약 1백만 개의 토큰과 1천 2백 톤의 식료품으로 바뀌었습니다. 또한 지난 3년 사이에는 100개 이상의 학교가 2백 톤의 쓰레기를 1백 9십만 권의 공책과 바꿔주었습니다. 분리 수거를 해서 재활용한 종이는 하루에 1천 2백 그루 나무의 벌채를 막을 만큼 대단한 양이었습니다.

이를 계기로 쿠리티바 시는 기적과 같은 발전을 이뤘습니다.

1980년부터 1995년 사이에 쿠리티바의 1인당 GDP(국내 총생산량)는 브라질 전체의 45%를 웃도는 비율로 성장했으며 제3세계의 도시가 30년이라는 짧은 기간 내에 선진국에 버금가는 생활 수준을 이뤄냈습니다.

돈의 구조를 올바르게
파악함으로써 미래의 낙원에서
쓰일 돈의 모습을 상상해 봅시다

'돈이면 다 되는 세상······.'

'돈만 있다면······.'

'부자가 되려면 어떻게 하면 됩니까?'

사람들은 대부분 지금보다 돈을 많이 가지고 있으면 행복해질 거라 생각합니다. 그래서 모두 남들보다 더 많이 벌기 위해 혈안이 되어 다른 사람의 어려운 상황에는 관심을 가지고 살펴볼 여유를 잃고 말았습니다. 또 그로 인해 여러 가지 심각한 사회 문제가 발생하게 되었습니다.

어떤 이들은 돈을 너무 좋아해서 다른 사람을 착취하면서까지 자신의 배를 불립니다. 또 어떤 이들은 ‘돈을 따르는 것은 나쁜 일이다’, ‘돈은 더러운 것이다’ 라고 말하며 돈을 아주 나쁘게 치부하지만 이들 역시 자신이 싫어하는 돈을 벌기 위해 노력합니다.

사실 ‘돈’ 자체는 나쁜 물건이 아닙니다. 돈을 사용함으로써 사람들의 생활은 더 편리해졌고, 또 돈이 많으면 여러 가지로 좋은 일들을 할 수 있는 능력도 생깁니다. 또한 착한 마음을 가진 사람의 손에 들어가면 세상을 더 좋게 만드는 일에 쓰이고 주변 사람들에게 행복을 가져오기도 합니다.

이처럼 돈은 우리 몸의 구석구석을 흐르며 생명을 유지시키는 피와도 같습니다. 피는 한곳에 고이지 않고 여기저기 필요한 곳에 흘러가야 우리는 건강하게 살 수 있습니다.

돈도 이처럼 세계 곳곳에 막힘없이 퍼져 나가야 이 세상에 평화와 행복을 가져옵니다. 사람들이 항상 부족하다고 말하는 돈의 개념, 즉 물질을 얻는 수단과는 다른 의미로 순환될 수 있다면 그야말로 돈은 새로운 인류의 가치를 창조할 피가 될 수 있습니다.

이제까지 사용했던 돈과는 ‘다른 돈’ 을 쓰는 규칙을 세워 물건이나 서비스를 구매하고 교환하는 일을 시도해 봅시다. 여기서 말하는 '별개의 돈'이 바로 지역 통화입니다.

이것은 단순히 종래 통화를 대체하는 다른 통화가 아닙니다. 그것을 사용함으로써 공동체 안에 서로 돕고 나누는 습관을 정착시키고 구성원의 자기 실현을 이루며 결과적으로 공동체의 번영과 발전을 가져올 수 있어야 합니다. 독특한 사상을 가진 돈을 '다른 별개의 규칙'에 적용해 사용함으로써 공동체의 이상을 실현할 수 있습니다.

남을 착취하고자 하는 사람이 아니라 진정으로 봉사하려는 마음을 가진 사람과 나누는 지역 통화는 그것을 모으기보다 주고받음으로써 사람들의 마음을 풍요롭게 만듭니다.

돈이 돌면 사람들의 마음에 활력이 생겨 서로 감사와 사랑을 표현하는 일에 인색해지지 않습니다. 또한 물질과 인간 사이의 관계가 조화를 이루는 균형있는 사회가 될 수도 있습니다.

아이와 함께 정겨움이 넘치는 돈을 사용해 봅시다

일본에서는 2002년 4월부터 전국 학교에 '종합 학습의 시간'이 마련되었습니다. 이는 선생님과 학생이 함께 고민하는 창의적인 배움의 시간으로, 복지나 환경 문제 등 지금까지 교육 현장에서 다루지 않았던 '삶의 활력'을 배우는 새로운 시도입니다.

이 시간이 지역 통화를 사용하는 '돈'의 학습에 안성맞춤이란 생각이 듭니다. 잘만 실행한다면 아이들에게는 돈을 만들어 쓴다는 일이 매우 재미있는 과제가 될 듯합니다. 또한 이 시간을 통해 온갖 사회 문제를 알아보고 아이들의 생각으로 문제를 해결하는 좋은 방법들을 찾아낼 수도 있습니다.

예전에 인류는 물질이 부족해서 어려웠던 경험이 있었던 터라 사람들이 보다 물질에 집착하게 되었고, 그로 인해 필연적으로 경쟁을 하게 되었습니다.

하지만 이런 삶의 방식에 마침표를 찍지 않는다면 인간의 마음은 갈수록 더 황폐해지고 지역 환경의 파괴는 더욱 심화되고 말 것입니다.

사람들 사이에 따뜻한 마음의 교류가 사라지고 '마음이 사라진 시대'가 되어 잔인한 범죄나 끔찍한 사고 소식도 늘고 있습니다.

우리는 '돈이란 소유하고 모으고 불리는 것'이라고 생각해 왔습니다.

그래서 어른들은 이익을 챙기는 일에만 힘을 들이고 어떻게든 더 많은 이득을 보기 위해 머리를 씁니다. 이런 모습을 본 아이들도 '돈은 자신의 욕심을 충족시키기 위한 것'이라는 생각을 갖게 됩니다.

돈을 보다 많이 창출할 수 있는 사람이 사회에서 가치를 인정받는 풍조 속에서는 조용히 하루를 성찰하며 자신을 돌이켜

보는 행동의 진정한 의미를 배울 수 없습니다. 그래서 어느 정도 재력을 갖게 되더라도 마음은 허전할 뿐이며 삶이 덧없게 느껴지기도 합니다.

이런 사회에서는 아이들도 밝고 건강하게 자랄 수 없습니다. 우리는 뉴스에서 아이들이 외출을 기피한다거나 등교를 거부하는 일, 청소년 범죄 등 여러 심각한 소식을 접합니다. 아이는 어른보다 감수성이 예민합니다. 또한 물을 빨아들이는 스펀지처럼 자신들도 모르는 사이에 조금씩 어른들의 가치관을 받아들이고 배우게 됩니다.

'돈의 본질을 새롭게 되짚어보는 교육'은 물질과 인간의 관계를 더 풍요롭고 자유롭게 만들어낼 수 있는 마음을 길러, 물질과 정신이 조화를 이루는 '함께 사는 사회'를 만드는 데 목표를 둡니다.

지역 통화의 실천만큼 즐겁게 '마음'을 사용하는 수업은 없을 겁니다. 아이들은 자신들이 하고 싶은 일이나 요구를 확실하게 깨닫고 필요할 경우 상대방과 자주 대화를 나눠야 한다는 사실을 몸과 마음으로 익힙니다.

아이들이 어려서부터 경험을 통해 배우고 익히는 돈에 대한 감각과 그 사용법에 대한 궁리는 나중에 이 사회를 움직이는 중심 인물이 되었을 때 아주 큰 영향력을 발휘할 것입니다.

만약 아이들이 이미 돈에 대한 삐뚤어진 가치관이나 이미지를 받아들였다 할지라도 지역 통화를 손에 쥐었을 때 맛보는 새로운 느낌이나 체험은 그들을 올바른 방향으로 다시 인도하기에 충분한 효과를 발휘할 것입니다.

쓰레기 덕분에 생긴 기적

우리 가족에게 일어났던 작지만 감동적인 이야기를 소개하겠습니다.

작년 초여름, 어느 이른 아침이었습니다. 초등학교 5학년인 큰아들이 갑자기 쓰레기를 줍는다면서 역까지 다녀오겠다고 하더군요. 부모인 저도 그런 일을 한 적이 없고 더욱이 아들에게 그런 행동을 권한 일조차 없었기에 저는 당황했습니다.

"왜, 누가 시키기라도 했니?"

"아뇨, 이웃 사람들과 이야기를 하고 싶어서……."

"갑자기 왜?"

제가 자세히 물을 틈도 없이 아들은 쓰레기 봉지와 집게를 들고서 밖으로 나가고 말았습니다.

그리고 한 시간 정도 지난 뒤 웃음이 가득한 얼굴로 집에 돌아왔습니다.

"정말 좋았어요. 돈까지 받았는걸요."

아들은 제게 자세한 이야기를 들려주었습니다. 그제야 저는 아들이 자발적으로 쓰레기를 주우러 나갔던 이유를 알게 되었습니다.

제가 어렸을 때 살았던 나가노[長野]는 작은 시골이었습니다. 그래서 아이들이 잠시라도 밖에서 길을 걷고 있으면 이웃 사람들이 아무렇지 않은 듯 말을 걸어옵니다. 하지만 지금 살고 있는 도쿄는 이웃과의 교류가 거의 없으며, 있다 해도 옆집 아주머니와 인사를 나누는 정도입니다.

아들이 밖으로 쓰레기를 줍기 위해 나간 이유는 시골과 같이 이웃 사람들과 친하게 지내기 위한 계기를 만들기 위해서였습니다.

차도와 보도 위에는 담배 꽁초, 먹고 버린 빈 깡통 등 여러 가지 쓰레기들이 널려 있습니다. 그런데 어떤 아이가 길에 쭈그리고 앉아 쓰레기를 줍고 있다면 누구나 궁금하게 생각하고 말을 걸고 싶어할 겁니다. 정말 제 아들에게도 남자 두 명과 여자 한 명이 말을 걸었다고 합니다.

"애야, 뭐 하고 있니?"

"아, 그래? 저런, 착하기도 하지."

처음 만난 사람들로부터 아이는 칭찬을 들었습니다. 그리고 택배 아저씨로부터는 '이걸로 주스라도 사서 마시렴' 하고 돈도 받았다고 합니다.

"처음엔 거절했지만요……."

아들이 받은 것은 돈이 아니라 액수로 환산할 수 없는 '따뜻한 마음' 이었습니다.

착한 행동을 한 제 아들의 마음이 따뜻한 현금이 되어 되돌아왔던 겁니다.

"그래, 정말 잘했구나."

'아들아, 이런 행동이 지역 통화가 쓰이는 사회를 만들 수 있는 첫걸음이구나. 이런 마음을 좀 더 많은 사람들에게 전파해야 하지 않을까? 그래, 해보자!'

이런 결의와 함께 마음 깊은 곳에서 샘솟는 축복이 온몸을 가득 뒤덮는 느낌을 받았습니다.

이날은 매우 즐거운 하루였답니다.

책을 마치며

　사람들은 말합니다. '자연을 지키는 일도 소중하지만 지역의 경제 발전을 위해서는 다소 희생을 감수해야 한다'라고 말입니다.

　우리들은 편리한 생활을 추구하며 자신의 이익을 우선시하고 있는 사이 자연에 대한 경외감을 잊고 그야말로 정말 소중한 것을 잃고 말았습니다.

　그런 와중에 세상의 부(富)는 크게 균형을 잃고 있으며 우리가 살아가고 있는 지구의 물과 공기, 대지는 오염되었고, 여러 곳에서는 온갖 생명체들이 생명을 위협받고 상처받으며 병을 앓고 있습니다.

　지구 온난화 현상을 보더라도 최근에 잇달아 쏟아지고 있는 보도들은 그저 놀라울 따름입니다.

　그린란드의 빙하는 장소에 따라서 매년 2미터 이상 얇아지고 있으며, 북극점 부근에서는 직경 1킬로미터 이상의 수면이 얼굴을 드러내고 있다고 합니다. 남극에서는 돗토리[鳥取] 현만큼의 거대한 육지가 모습을 보이고 있습니다.

이처럼 환경이 크게 변화하는 일은 5천만 년 만이라고 말하는데, 이는 지구 역사상 지금까지 한 번도 경험해 보지 못한 시대가 이미 우리 앞에 다가와 있음을 뜻합니다.

우리가 살고 있는 지구는 이전에 겪어보지 못한 커다란 위기에 직면해 있습니다. 다른 한편으로 인류에게 새로운 깨달음을 가져다 줄 긍정적인 가능성도 포함하고 있습니다. 보는 시각에 따라 위대한 진화의 무대에 서서 멋들어진 '생명의 힘'을 표현하는, 지구 역사상 최대의 볼거리를 만들고 있다 해도 과언이 아닐 것입니다.

이 책을 통해 좀처럼 볼 수 없는 기회를 살릴 계기를 제공하는 데 조금이나마 보탬이 된다면 제게는 더 없는 기쁨이 될 것입니다.

2002년 3월

후루카와 치카츠[古川千勝]

상대를 한눈에 꿰뚫는다! !

한눈에 알게 되는 그와 그녀의 속 · 사정(事情)!

■ **한눈에 상대방의 심리를 꿰뚫어 보는 법**
캄바 와타루 지음 / 김진수 옮김 | 값 8,000원

궁금하지 않나요?

상대가 어떤 사람인지, 나를 어떻게 생각하는지.

알고 싶지 않나요?

자신의 행동이 타인에게 어떻게 비치는지.

바라지 않나요?

보다 예쁘게, 좀더 멋지게, 한층 더 의미 있게,
상대에게 다가가기를.

사소한 말과 동작에 나타나는 상대의 복잡한 심리!
간단히 파악하고 절묘하게 이용하여 처세의 달인이 되자!